Defrosted Emotions
A benediction to my soul

Avinasha Naveen Sharma

First published in 2020 by

Becomeshakespeare.com

Wordit Content Design & Editing Services Pvt Ltd
Unit - 26, Building A -1, Nr Wadala RTO,
Wadala (East), Mumbai 400037, India
T: +91 8080226699

ISBN 978-93-90040-14-8

For my love and inspiration for life

Preface

Defrosted Emotions – a benediction to my soul is an anthology that enables the readers to relive the thoughts they might have experienced in some phase of their life. The book carries independent thoughts in verse. One can find life experiences of a common man to the high spiritual experiences of the enlightened being in a single book. This book has a familiarity with my journey in varied facets of life. It's a souvenir to my beloved husband whose presence I felt in each line I wrote. I felt myself evolving with each poem. Although it seems that poems are autobiographical but they are relative in nature. The emotions are abstract but they have profound impressions to feel. It can be a chocolate or a cup of tea that can fill you with the memories unseen.

अनछुए एहसासों को आप तक पहुंचाने की मेरी यह कोशिश मुझे उम्मीद है कामयाब हुई है।

Avinasha Naveen Sharma

Author

Acknowledgements

I would like to thank my family and friends who have been a constant support in giving shape to my thoughts. The poet within me was discovered with the inspiration I derived from the talks of *Prem Rawat*, a renowned international motivational speaker. His ideas and thoughts have greatly influenced me. My poems are a reflection of the understanding I developed through my journey with his message.

I also thank Deshraj Gupta for providing illustrations to my thoughts.

About the Author

Avinasha Naveen Sharma has been working with Department of Education Haryana as a Lecturer in English. She has performed her poems at various platforms and her poems are relative to every human emotion. She believes that the Supreme that resides in every human heart has unparalleled joy to offer and contemplating within is the way to experience the joy. Defrosting Emotions is an expression of gratitude to the soul.

Content

- जज्बातों का बाजार
- बड़ा हो रहा हूं मैं
- चिट्टियाँ
- तुम क्या रूठे
- **Rain of bliss**
- रूक जाओ ना
- चंद लम्हों का हिसाब
- बूंदों ने सहलाया है
- असली ईदी
- मेरा चश्मा खो गया
- साइकिल जिंदगी की
- तुम महताब हो
- बात उलझ के रह गई
- ख्वाब की दस्तक
- उसने मुड़ कर न देखा
- एक खालीपन –सा है
- जादू की झप्पी
- काजल बने हम तेरे
- चॉकलेट फीकी लगती है
- तुझे किसका इंतजार है
- जिक्र तुम्हारे गुलाब का

1

आज लिखना है

कलम फिसल रही है सुरूर में,
तलब है कि आज लिखना है।
जश्न –ए–मोहब्बत है इस दिल में,
रूहानियत से इज़हार आज करना है।

2

कभी कलम; कभी करछी

कभी कलम; कभी करछी हाथ में सजती रही,

कभी चाकू; कभी छुरी से कटती रही।

एहसास उभर कर आते भी तो कैसे?

जिम्मेदारियां सामने खड़ी तकती रही।

कभी कलम; कभी करछी हाथ में सजती रही...

अभाव में हूं जमाना समझता रहा,

मैं 'खुदी' के प्रभाव में रजती रही।

पीतल हूं पर सोने–सी निखरी रही,

तेरी रंगाई के हर रंग में रंगती रही।

कभी कलम; कभी करछी हाथ में सजती रही...

3

अब तो गले से लगा लो,

एहसानों के तले दबा लो।
जज़्बात छुप नहीं रहे हमारे,
जो चाहे वह सजा दो।
ख्वाहिशें कानों में चीख रही हैं,
कुछ तो उनको भी जगह दो।
मैं ख्वाब नहीं और तुम हकीकत हो,
हम दोनों को एक वजह दो।

4

सांस शिकायत करती है

हर सांस शिकायत करती है,

क्यों वक्त नहीं दिया मुझे ?

मैं बिन मांगे मिला करती थी,

क्यों रिक्त समझ लिया मुझे ?

मेरे हर फूल में खुशबू बसा करती थी,

क्यों महका नहीं तू मुझमें ?

कद्र उस वक्त हुआ करती है,

जब साथ रहती नहीं मैं तुझमें।

5

गुरुर नहीं है गुलाब को

गुरुर नहीं है सालों की खूबसूरती पर गुलाब को।
यह तो आज भी खुद को मोहब्बत के नाम करता है।
गुरुर गुलाब को होता तो,
कांटो के बीच ना खड़ा होता।
गुरुर तो मेरी मोहब्बत कर गई,
जो मेरे जज्बातों को एहसान कह गई।

6

ये किसकी परछाई है ?

ये किसकी परछाई है ?
जो मेरी रूह पर छाई है।
रूबरू वो मुझ—सा ही लिखती है,
यह कलम जरूर 'उसने' बनाई है।
स्याही में भर के रंग सारे,
ये रंगों की दौलत
मेरे दिल ने कमाई है।

7

तस्वीरें बोलती हैं

तस्वीरें बिन शब्दों के बोलती हैं ,
मुस्कुराहटों को खुद में खोलती हैं।
कैद उनमें कई नई–कहानियां होती हैं,
बीते लम्हों की छुपी निशानियां होती हैं।

8

Rape of the Mind

At last he kept me in chains,
Wanted to give innumerable pains.
Before him I had no say,
He made me a lump of clay.
He intruded my mind,
It was a rape of its kind.
I was ruined whatever I had in my brain,
Crying and yelling for help was in drain.
Numbness took over every reason,
Felt that I have called myself in prison.
I had treasures that could be enjoyed,
But his ego needs to be rejoiced.
Others titled me with 'a truly beautiful mind',
It lured him to possess and made him blind.
My pleading made him a mauler,
He prided to be called a torturer.
Now I was left worthless,

With my treasures in a mess.
No ointment can repair the tissues of the bruised mind,
For mind has the ability to remind and rewind.

9

हम बूढ़े नहीं हुए

हम बूढ़े नहीं हुए ,
पर हम जवां भी नहीं रहे ।
कुछ ऐसा ही वक्त था सालों पहले
हम बड़े नहीं हुए थे,
पर हम बच्चे भी नहीं रहे।
रोज का दोस्तों से मिलना ,
आज गेटटूगेदर में बदल गया।
तजुर्बों को बांटते –बांटते,
ना जाने कैसे वो पल गया।
कुछ तुम मेरी– सी ,
कुछ मैं तेरी– सी ।
वो कॉलेज वाले दिनों की,
बातें अब एक पहेली– सी ।
स्वेटर के फंदे की तरह
हम जुड़े एक धागे से,
यारों !
फुदक गई कुछ बातें
फिर कलम के आगे से।

10

जलते दिए ने मुझे जलाया

आज एक जलते दिए ने मुझे जलाया,
ना उम्मीदों के दामन में उम्मीदों को बैठाया।
लफ्ज कम थे उसे शुक्रिया कहने को,
पलट कर देख रही थी लौ उसी को।
हवा के झोंके आएंगे जरूर,
उनको भी है खुद पर गुरुर।
परवाह उनकी नहीं है अब,
ओट उन हाथों की मिली है जब।

11

Blurred Expressions

It all happened last night,
I tried to gather a decade's treasures in dim light.
The journey being with you,
The miles I travelled with you.
The spark we felt in the parking lot of Chandni Chowk,
And the day you realised she needs you more than a dock.
The day I felt you are more than just a phase in life,
The day you made me feel you are a never ending chase of life.
My desire to fulfill all your desires,
Whatever comes to your mind is all I aspire.
Making the special one special in all the little ways I can,
Whatever little my mind and heart can bring should be in your hand.
I tried to be there at hard times you had,
You too stood beside me in tough times I had.
We conjured everything that can be possible in a relationship,
Now people feel jealous of our earned friendship.

No matter who tried to patch up first and who did it last ,
It's a patch up after all whatever we had last.
Now that you are ignorant of what I am going through,
I pretend to be blind of your visible hidden tears as they brew.
I don't know where we are heading to,
But its true this is not what we had planned too.

12

जरूरी था

उस सुनहरी धूप के बाद,
रात का आना भी जरूरी था।
उस काली रात में तेरा ,
इंतजार भी जरूरी था।
रोशनी की इल्तिजा
भी जरूरी थी,
तेरे दीदार की दरख्वास्त
भी जरूरी थी।

13

चले आओ

बैचेन हैं आज हिना के ये रंग,
मदहोश कर रही है ये सुगंध।
मेरी सूनी हथेली पर,
लकीरें बन।
चले आओ,
तुम चले आओ।

14
मिट्टी के रंग

मिट्टी बोए, मिट्टी रोए,
मिट्टी टूट कर बिखरती है।
मिट्टी के ये रंग निराले,
हर रंग में मिट्टी दिखती है।
उजली मिट्टी, हंसती मिट्टी,
चूर गुरूर में दिखती है।
रोंदी मिट्टी, सुलझी मिट्टी,
मिट्टी सबक पढ़ती है।
ये रंग मिट्टी के दिखते हैं,
जब मिट्टी रंग बदलती है।
फूंक भरी जब इस मिट्टी में,
वह अनहद नाच करती है।
अनंत हैं संभावनाएं इस में,
खोज करने पर मिलती हैं।

15
Take me to a place

Take me to a place where
my emotions can be respected,
my ego can be disconnected.

my words can shirl,
my thoughts can swirl.

my heart can feel the unfelt,
my mind can speak the unspelt.

my voice can be heard,
my senses can be blurred.

16

ख्वाब उड़कर गए

आज फिर उड़कर गए ख्वाब
जिंदगी की किताब से,
कैद थे वो उस में
अनगिनत बेहिसाब से।

17

मोहब्बत का बाजार

वो मोहब्बत के बाजार में खड़ी ,
अपनी बोली का इंतजार कर रही।
टूटकर वो पल– पल मर रही,
रूह जर्रा–जर्रा हो रो रही,
उसे अश्क मेरे बर्दाश्त नहीं थे कभी,
आज आँखो में नमी का नाम भी नही ।

18

मुड़े हुए सफे

यूं तो किताब के आखिरी जुमले की तलाश थी,
न जाने क्यों पलटते सफों को देख मैं हताश थी।
कुछ सफों के किनारे मैंने मोड़ लिए,
एक रोज की फुरसत में पढ़ने के लिए।

19

जज्बातों का बाजार

जज़्बातों के बाजार में बिक रहे सारे जज़्बात,
एक –एक दो – दो डालर की ही तो है
बात।
कोई प्यार की थपकी को दो डालर में ले आया,
कोई उम्मीदों के दामन के दस डालर दे आया।
बीच खड़ी बाजार में मेरा मोल न हुआ,
सामान जो मेरे पास था उसका तोल न हुआ।
सामान अपना समेट के चलो चलूं कहीं ओर,
शायद कहीं मिल जाए इंसानियत का दौर।

20

बड़ा हो रहा हूं मैं

माँ, तेरे आंचल से दूर सखा का साथ भाता है,
बड़ा हो रहा हूं मैं मुझे अकेले घूमना लुभाता है।
माँ! तेरी घबराहट बेकार बेबुनियाद लगती है मुझे,
अम्मा की मेरे संग चलने की जिद बच्चों–सी लगती है मुझे।
दुनिया की भीड़ में खुद को ढूंढ़ने का जी होता है मुझे,
गिर के उठने और फिर तुझे देखने का मजा लेना है मुझे।

21

चिट्ठियाँ

चिट्ठियाँ! खत!
इन की बातें पुराने जमाने की लगती हैं,
पर ये प्यारी आज भी उतनी ही लगती हैं।
भेजने से पहले इन्हें हजारों बार दोहराया जाता,
क्योंकि इन में **delete for everyone** का **option** नहीं होता।
insta stories की तरह ये **hashtags** से लदी नहीं होती,
क्योंकि जिसके लिए लिखी बस उसी की होती।

22

तुम क्या रूठे

तुम क्या रूठे आज,
मेरी कलम से स्याही छूट गई।
जिंदगी की किताब के पन्नों पर ,
तुम्हारी निशानी छूट गई।

23

Rain of bliss

Its dark as night ,
With a longing for light.

Sounds are unheard,
Not even a singing bird.

Pain is no more a pain ,
As I drench myself in the rain.

Rain of bliss ,
Let me kiss.

It has released something so dear,
Could not be explained more clear.

Lord, Allow me to be forever in this state,
Worries are served in the other plate.

I don't mind being hardest hit.
But let me enjoy this bliss a bit.

24

रूक जाओ ना

प्यार के लम्हों को समेट लेने दो,
एक बार मुझे बाहों में भर लेने दो।
बेड़ियाँ बन रही हैं राहें हमारी,
रास्तों को मनमर्जियां सिखा जाओ ना।

25

चंद लम्हों का हिसाब

जिंदगी के चंद लम्हों का मैंने हिसाब लिखता देखा है,
मतलबपरस्त रिश्तों का मैंने उपहास बनता देखा है।
हर सांस की ताल पर मैंने करताल बजता देखा है,
नकाबपोशों के मन में मैंने उन्माद पलता देखा है।

26

बूंदों ने सहलाया है

आज फिर बूंदों ने सहलाया है,
तुम्हारे होने का एहसास दिलाया है।
बैचेन हो तड़प रही थी दिल की जमीं,
हल्की बरसात ने जताई है तुम्हारी कमी।
चाहत भाप बन उड़ चली है,
प्यास बुझी नहीं कह रही है।
बरस जाना इस कदर अबके बरस,
धूप की तपिश में रूह गई है तरस।

27

असली ईदी

खुदा की बंदगी में मशगूल हैं सब,
इस रमजान के महीने में महफूस हैं सब।
तरावीह में उठे हैं हाथ सबके,
अजान में शामिल हैं जकात देके।
वो नूर –ए –ईलाही है तुझमें,
वो खुदा बसा है तेरे ही दिल में।
रोजे और कुरान पारायण में नहीं,
दीदार उसका है तुझ में यहीं।
ईफतारी तो महज कुछ पलों का सुकून है,
असली ईदी हैं तेरी सांसें गर कबूल है।

28

मेरा चश्मा खो गया

मुझ से मेरा चश्मा खो गया...

हर पल साथ था मेरे ,

इतने पास था मेरे ,

न जाने कैसे ओझल हो गया ?

मुझ से मेरा चश्मा खो गया ।

मलाल इस बात का है कि अब कैसे साफ देखूँगी ?

धूल भरी दुनिया में कैसे खुद को पहचानूंगी ?

सही गलत की परख न कर पाऊंगी,

अपने पराये में फर्क न कर पाऊंगी,

गिरूँगी या संभलूँगी मैं,

इस डर से शायद न उभरूंगी मैं।

सब ने बहुत राहें बताई हैं मुझे,

चश्मे के अनेकों पते बताए हैं मुझे।

क्या अपने कमरे में देखा ?

आखिरी बार कहाँ देखा?

गलती तो तुम्हारी ही है ।

संभाल कर भी न रख सकी!
चलो ...नई खोज कर रही हूँ।
अब फिर निकल रही हूँ ।
कहाँ ?
अरे ! बताया था ना..
मुझ से मेरा चश्मा खो गया।

29

साइकिल जिंदगी की

साइकिल के गियर की तरह जिंदगी हर पल बदल रही है,

कभी धीमी ...कभी तेज रफ्तार पकड़ रही है।

ध्यान से चलना, बेटा...

माँ नसीहतों के अंबार लगाए खड़ी है।

जिंदगी की सड़क पर गड्डे बहुत मिलेंगे,

कोई गहरे तो कोई मामूली जान पड़ेंगे।

साइकिल के टायरों की रफ्तार तेज होगी,

बालों को सहलाती हवा रोमांचित कर रही होगी।

तब गरने का डर नहीं होगा,

बस तेज रफ्तार से प्रेम होगा।

पर ...

गिरो तो उठने का ज़ज्बा रखना,

दर्द से उभरे का हौसला रखना।

नसीहतें तो हर माँ की सदियों से यही रही होंगी,

पर बच्चों की जिद्द के आगे उसकी कब चली होगी ?

30

तुम महताब हो

हाथों की लकीरों में तुम हो नहीं ,
तकदीर की राहों में बसे हो यहीं।
जो हकीकत में देखा तुम वो ख्वाब हो,
चाहत जिसकी रखी तुम वो महताब हो।

31

बात उलझ के रह गई

बातों के नीचे जज़्बात उभर ना सके,
फिर ये बात उलझ के रह गई ।
तुम्हारी तकलीफ को अपना समझ ,
जो हाथ बढ़ाया था हमने।
उस हाथ के तले ,
फिर बात उलझ के रह गई।
सोचा था दिलो जान से ,
बेतहाँ मोहब्बत करेंगे।
लेकिन फिर ये मोहब्बत ,
बातों के तले अधूरी रह गई।

32

ख्वाब की दस्तक

कुछ अनकही हसरतों से जन्मा था वो,
मेरे ख्यालों के झूले में खूब झूला था वो।
मेरी मशक्कत ने जब उसे जवां किया,
दूल्हा–से सजे ख्वाब ने दस्तक दिया।
हिल्लोरें ले रही अब उमंगें मेरी,
खिल गई जिंदगी की तरंगें मेरी।
अब महज वो ख्वाब नही था,
नेह से सींची हकीकत ही था।

33

उसने मुड़ कर न देखा

मेरे गालों को अश्क यूं सहला रहे थे,
मानो उसके जाने के बाद साथ मेरा निभा रहे थे।
रूके थे पांव जमीन को दबाए इस कदर,
अनगिनत इंतजार के लम्हें शुरू हो गए दर – बदर।
उम्मीदें सब्र की पार कर रही थी रेखा,
पर उसने मुड़ कर भी न देखा।

34

एक खालीपन –सा है

एक खालीपन –सा है,
सब कुछ है बस तुम ही नहीं हो ।
रेत–सी छूट रही है जिंदगी,
जो मुठ्ठी में है वो तुम नहीं हो ।
खोज रही हूँ अपनेपन के एहसास को ,
मेरे इस जज्बात में तुम क्यों नहीं हो ?
पथरा गई हैं आँखें इंतजार करते–करते ,
इन सर्द हवाओं की चुभन में तुम्हीं हो।
थम गया है सारा मंजर ,
इन ऊँचाईयों की गहराईयों में क्या तुम कहीं हो?
खड़ी हूँ खुली बाहों को लिए ,
मेरे प्यार की गरमाहट में शायद तुम यहीं हो।
थाम लो ना मेरा हाथ,
इन पथरीले रास्तों में ,
आस मेरी तुम्हीं हो।
शायद तुम यहीं हो।

35

जादू की झप्पी

हर साँस के साथ,
छू रही थी मुझे।
नरम – सी...
मुलायम – सी...
अनजानी भी न थी वो।
मदहोश थी मैं,
उसकी गरमाहट में।
महफूस थी मैं,
उसके आगोश में।
आज मुझसे मिलने आई जब,
वो जादू की झप्पी।

36

काजल बने हम तेरे

तेरी इस मुसकुराहट पर
कायल हुए हम तेरे,
जमाने की नजर उतारने को
काजल बने हम तेरे।
सजा लो हमें तुम आँखों में
या नजर का टीका बना लो तुम ,
संग तुम्हारे रहने की
हर कीमत अदा कर देंगे हम।

37

चॉकलेट फीकी लगती है

वही रंग है इसका,
वही गंध है इसकी।
पर तुम्हारे साथ के बिना
ये चॉकलेट फीकी लगती है।
बड़े चाव से लाई थी इसे
अपना मन बहलाने को,
कुछ बीते लम्हों के धागों से
कहानियाँ बुन लाने को।
पर जुबां ने याद दिला दी मुझे,
कमी वो जानी – पहचानी सी।
वो बिखरी चॉकलेट मेरे होंठों की,
तुम्हारे हाथों से पोंछी जाती थी।

38
तुझे किसका इंतजार है

जो जहन में बसा है उसपर एतबार है अब,
ऐ दिल! तुझे किसका इंतजार है अब।
मोहब्बत में इम्तिहान आते हैं जब भी,
तुमसे निभाई वफाएँ याद आती हैं तभी।
रूठ जाएँ राहें मुझ से जब भी इस कदर,
मोड़ बनकर दिख जाना तुम मुझे उस डगर।

39

जिक्र तुम्हारे गुलाब का

लोग अक्सर मुझसे पूछ लेते हैं ,
तुम्हारे गुलाब का जिक्र कर लेते हैं ।
तुम ही बता दो अब मैं क्या करूं ?
हर हसीन पल को कैसे बयां करूं ?
अरसे से महका कर मेरी किताब के पन्नों को,
गुलाब तुम्हारा खोज रहा है उन बीते लम्हों को।

40

तुम्हारी रूह की खुशबू

सुबह की ताजा हवा में आज फिर,
तुम्हारी रूह की खुशबू खोज रही थी।
वो भीनी—भीनी मुस्कुराहट के साथ,
साँसों में बसी ठंडक खोज रही थी।
तुम्हारे प्रेम को दिल में संजोए,
हर पल आज में खोज रही थी।

41

मैंने सीख लिया

भूल थी मेरी की जिंदगी के कीमती लम्हों को मैंने छोड़ दिया,
भूल थी मेरी कि उन लम्हों में बसे सुकून को मैंने खो दिया।
पर तसल्ली है कि आज के इस पल को मैंने जीना सीख लिया,
अपने आने वाले हर पल को कीमती बनाना मैंने सीख लिया।

42

आ जाओ ना, चाय ठंड़ी हो रही है

वो उन दिनों जैसी ओस वाली सर्दियाँ नहीं रही अब,
एक चाय की चुस्की के लिए मशक्कतें नहीं रहीं अब।
दो प्यालियों को साथ में लाना,
चाय में सुरा—सा सुरूर आना।
लम्हों को समेट कर वो सोच रही है,
आ जाओ ना, चाय ठंड़ी हो रही है।

43

Last time I heard you

I didn't know that
it would be the last time
I would be hearing from you.
Your voice still echoes in my ears.
My heart calls out to you.
My eyes want to lose their vision
in a quest to have a sight of you.

44

कलम की स्याही तुझे बना लिया

कलम की स्याही तुझे बना लिया,
लेखनी में अपनी तुझे सजा लिया।
शायद गलती हमसे बेहिसाब रही है,
तभी अधूरी प्यार की किताब रही है।
तुम ने भीड़ में भी मुझे जगह न दी,
मुझ को मिली सजा की वजह न दी।

45

आसान तो नहीं था

आसान तो नहीं था उनकी हर बेरुखी को सहन कर पाना ,
आसान तो नहीं था उनकी हर आवाज पर खुद को रोक पाना।
पर फिर भी वक्त ने सब कुछ सिखा दिया,
इस गुरुर से भरे हुस्न को नाचीज बना दिया।
आज भी वक्त के पन्ने पलट कर जब देखती हूँ ,
अपने ही अस्तित्व पर प्रश्नचिह्न लगा देखती हूँ।

46

कुछ माँगना चाहती हूँ

वक्त के करवट बदलते लम्हों से कुछ माँगना चाहती हूँ
अपनी मोहब्बत के ख्वाबों को हकीकत में देखना चाहती हूँ।
अपने लिए सुख और समृद्धि तो दुनिया माँगती है,
मैं बस अपने दुख में उनका साथ चाहती हूँ।
आयी थीं हमें जाँचने इस बरस भी लहरें,
मैं अगले बरस भी विश्वास की मजबूत पाल चाहती हूँ।
हाथ जब खाली हों मुझे कुछ देने के लिए मालिक,
मैं उस पल तेरे इस फरिश्ते का दीदार चाहती हूँ।

47

एहसास के बुलबुले

एहसास मुझ में तेरा कुछ ऐसा है,
ज्यों आसमान में चांद का बसेरा है ।

....

तेरी रहमत हिफाजत कर रही थी मेरी,
और
मैं समझा कि मुझ में संभलने का हुनर आ गया।

....

Time flies with each click anchoring my strength.

....

ऐ अंधेरे!
इन अश्कों को छुपा रहने दे,
उन्हें फर्क नहीं पड़ता इनके बहने से।

....

जिस्म की खोल से बाहर निकल कर
रूह में झांकिए
एक हसीन दुनिया वहां भी मिलेगी।

....

ऐ जिंदगी !
मेरे गुनाहों को तूने लिख कर मिटा दिया,

मैं फिर दगा न कर सकूं एहसास दिला दिया।

....

आज भी चाय की प्याली में वो लम्हें समेट लेती हूँ
जिंदगी के शीशे पर लगी यादों की ओस पोंछ लेती हूँ।

....

कलम चुपचाप पड़ी सुन रही थी जब ,
गुसाए कागज से 'बेवफा' कही जा रही थी।
स्याही आसुओं–सी बेवजह बही जा रही थी ,
आज हर्फों को जुबां नहीं दे पा रही थी।

....

उल्फत का कभी 'उस से' माँगा नहीं,
जरूरतों में कभी 'उसने' कमी नहीं छोड़ी।
ऐ जिंदगी, तुझसे शिकवे क्यों रखूं ?
जब हसरतों में कभी तूने कमी नहीं छोड़ी।

....

जिंदगी ....
तुम मुसकुराहट मेरी,
खुशी की आहट मेरी।
जहाँ तक चाहत मेरी,

तुम सच्ची इबादत मेरी।

....

Before Sunset
A desire to quench the thirst with the last drop of water.
A quest to fill the heart with the last ray of knowledge.

....

अथाह उम्र गुजार दी उसने सुकून की तलाश में,
वो चौन उसमें यूं बसा था ज्यों गुण पुष्प पलाश में।

....

यूँ ही कभी कभी वो मौसम से चेहरे बदलते हैं,
बेगानों और अपनों के बीच खेल खेला करते हैं।
जिनसे बरसों की पहचान का दावा करते थे,
उनके बदलते रूख आज हरे घाव से लगते हैं।

....

मार थपेड़े जितना तुझ में है दम , जिंदगी !
हम भी तेरी इंतहा देखने के लिए बैठे हैं।

....

काश़ बनाने वाले ने मेरी कहानी पेंसिल से लिखी होती,
गलतियां मिटाने के लिए रबर मेरे हाथ में दी होती ।

....

रिश्तों की हकीकत समझ ली ,
जज्बातों की अहमियत जान ली ।
पैसा जब जज्बात खरीदने चला था,

खाली हाथ लौट कुछ ना मिला था।
तस्वीरों में बरसों से वो छिपा रहा,
आज रूबरू हो गले लगा रहा।

....

प्रेम के अनछूए एहसास को महसूस करने दो,
सब कुछ बयां न करो , कुछ दरमियां रहने दो।

....

इत्मिनान से आज कोशिश करके देखें,
मोहब्बत के सैलाब को उमड़ते देखें।
जिसकी तवीलियत का अंदाजा नहीं तुम्हें,
दिल के दरवाजे पर उसे दस्तक देकर देखें।

....

जीवन को मत लीजिए ,यूं हल्के में मित्र,
महक उठे अंतर्मन का बाग है ये वो इत्र।

....

ब़ेखोफ... बेपाक ... रंगीन –सी
मनचलों से भरी... आशाओं से लदी...
उम्मीदों से परी... विश्वासों से सजी...
जिंदगी को सरसरी नजरों से निहारती...
दुनिया कॉलेज की।

....

पानी के बुलबुले एहसासों में तब्दील हो गए,
अपनी हद पहचान खुद में ही विलीन हो गए।

48

धूप का स्वागत

ठिठुरन बहुत बढ़ रही थी,

अनमनी– सी हवा चल रही थी।

हड्डियों को भेदते हुए वो,

रूह की हद तलाश रही थी।

लिहाफ शायद राहत दे मुझे,

उम्मीद लिए खुद को उसमें छिपा रही थी।

अनमनी– सी हवा चल रही थी.....

मेरे कमरे की खिड़की से एक किरन झाँक रही थी ,

ना जाने क्यों मेरी व्यथा बिन बोले सुन रही थी।

संकोच के परदे बहुत मोटे थे,

संशय मन को मेरे रोके खड़े थे।

पर उस किरन की दृढ़ता ने पलकों को सहला दिया,

इस सर्द हवा से राहत संभव है ऐसा विश्वास दिला दिया।

दिल ने खिड़के के परदे हटाने का आह्वान किया,

संशयों को छोड़ नरम धूप से मिल रसपान किया।

ठंड़ में खड़े रोंगटे अब खिलखिला रहे थे,

धूप के आगमन पर मन ही मन मुस्कुरा रहे थे।

49

कठपुतली किसके हाथ की?

खूब नची वो खूब नची,
कठपुतली किसके हाथ की ?
रंगमंच की दुनिया उसे बहुत ही भाई थी,
मोह धागों से बॉध कर
कठपुतली वाले ने वो नचाई थी।
ना कहानी उसकी ,
ना बोल उसके,
ना रंगमंच वो उसका अपना था।
किसको कहती अपना ?
वो अभिनय भी ना उसका अपना था।
तालियों की गड़गड़ाहट में हर दिन उसका बीत गया।
एक दिन नई कठपुतली आई,
जो आते ही रंगमंच पर छाई।
अब सब कुछ वीराना लगता था।
जो अपना नही था,
वो भी बेगाना लगता था।

बैठ कोने में पूछ रही कांठ की पुतली कठपुतली वाले से—
मैं कांठ की,
तू माटी का,
अंत दोनों का राख ही है।
फिर काहे की हू – हू करे,
जब फूंक रहे ना बाकी है।
भर कर चाबी खुद में 'खुदी' की,
अभिनय कुछ यूं करना है।
तालियों की गड़गड़ाहट हो ना हो,
फर्क नहीं कुछ पड़ना है।
कठपुतली तो मुझे बनना ही था
पर कठपुतली किसके हाथ की ,
यह मुझे ही तय करना है।

50

कल कर लेंगे

तेरी यादों को तो समेट लिया
अब कहाँ इन्हें तफनाऐं हम ?
यादों के इस कारवें को
किस ओर ले जाऐं हम ?
सुन – ज़रा तेरा जाना अटल था,
और चलना माना मुश्किल था।
पर थोड़ा एक बार मुड़कर तो देख लेता ,
आँखों से बहता समंदर खुद को रोक लेता।
बहुत –सी बातें करनी थी जो अधूरी रह गईं,
'कल कर लेंगें' के ख्याल पर टिकी रह गईं।

51

पुरानी राहों से मुलाकात

आज पुरानी राहों से,
मुलाकात कर बैठी।
छोड़ा था जिन व्यवधानों को ,
उन्हें साथ ले बैठी।
ज़हन में डर था कल का,
जो बीत गया उस पल का।
रूठी थी जिन से कभी ,
उन्हीं दीवारों से बात कर बैठी।
सिसकियां थी कानों की गूंज कभी,
आज किलकारियों की आस कर बैठी।
फिर पुरानी राहों से,
मुलाकात कर बैठी।

52

चलो फिर से शुरू करते हैं

चलो फिर से शुरू करते हैं,
जिंदगी को नए आयाम देते हैं।
माना मुश्किल था पिछला पड़ाव,
नामुमकिन नहीं कोई भी जुड़ाव।
चलो आज नयी कहानी लिखते हैं,
लकीरें जो न मिटा पाए , कुछ ऐसा गढ़ते हैं।
चलो फिर से शुरू करते हैं...

53

अँधेरे से साक्षात्कार

हुई थी उससे मुलाकात ,
वजूद पर अपने डटा था।
तबाह कर खुशियाँ सबकी ,
झूम रहा था पागलपन में।
घमंड में चूर था वो ,
कितनों को घूटने के बल रोंदा था।
पर देखो ना ...
रोशनी को ललकारने का साहस कर बैठा,
और अपने अस्तित्व से हाथ धो बैठा।
वो 'अन्तर्मन का अँधेरा'

54
उम्मीद का दिया

एक दिया उम्मीद का जला लो,
खुशी तुममें बसी है उसे मना लो।
जिंदगी में आँधियों का आना निश्चित हो,
तो हथेलियों की आड़ में क्यों संकुचित हो ?
लौ जो तुम में लगी उस से प्रकाश पर्व बना लो,
अँधेरा खुद में कुछ नही है, अभाव का प्रभाव हटा लो।

55

मासूम सा बच्चा

बना दो ना मासूम सा बच्चा, ऐ खुदा!
इतबार किसी पर न होगा फिर,
धोखे का कुछ पता न होगा फिर।
जिम्मेदारियाँ आजमाती हैं मुझे,
जिंदगी दोराहों पर लाती है मुझे।
कल छुटता ही नहीं मुझसे ,
आज समझ आता नहीं मुझे।
प्यार से डर लगता है, ऐ खुदा!
दुकानदार बहुत हैं तेरे बाजार में।
खरीदारी का हुनर सिखा दो ना,
मासूम सा बच्चा बना दो ना।

56

वो रावण है

आज फिर जलाया उसका पुतला है,
महापंडित वेद ज्ञाता वो कोई और नहीं वो रावण है।
हुई थी बुराई पर अच्छाई की जीत,
पूर्ण हुई थी रघुकुल की रीत।
हर्षित थे तब सबके मन,
बुराई नहीं थी अच्छाई के संग।
कलियुग आज है पूछ रहा—
कब तक पुतले यूँ चलाओगे,
अंतर्मन के रावण को कब मार गिराओ।
ईर्षा द्वेष घृणा अशांति आतंकवाद सरीके रावण हैं,
मानवता को छेदित करने आए कितने बाण हैं।
ज्ञानदीप से मिटे अंधेरा तभी असली दिवाली है,
प्रेम सद्भावना से भरनी अब हृदय की प्याली है।

57

अगर कहीं मिले तो बताना

अगर कहीं मिले तुम्हें वो तो बताना,
दिल–ए–अजीज है मेरा जाना पहचाना।
मुस्कुराहट पर उसकी कायल था जमाना,
जाने क्यों रूठ कर चला गया यार पुराना।
उनकी आँखों की चमक नूर –सी दिखती थी,
जब मन चाही बातें उनसे कर लिया करती थी।
तड़प तो उनको भी मुझसे मिलने की बहुत लगी होगी,
पर शायद रास्तों पर वापसी की निशानी न लगी होगी।

58

परिंदा

आज फिर से वो परिंदा फड़फड़ाया,
सुकून की जुस्तजू में घर से निकाल आया ।
जहन में बसे उसके हजारों सवाल हैं,
जवाब की आरजू में हो रहा बेहाल है।
क्या मुमकिन है उस सुकून को पाना ?
क्या मुमकिन है प्यास का पूरा हो जाना ?
दुनिया में जब रिश्तों को खंगाला,
मतलबपरस्ती ने रूह को हिला डाला।
जब चला वो परिंदा दानों के भंड़ार संजोने,
वक्त की कीमत पर रहा था वक्त को खोने।
आकाश की बुलंदियाँ थी उस का सपना,
भूल गया था कोई नही है उस का अपना।
बेचैनियाँ हर दिन जब बढ़ती जा रही थी,
वहीं कहीं उस एहसास की दबी याद आ रही थी।

अल्फाजों से परे उस एहसास तक जाना है,
प्रेम के आगाज का हर पल लुत्फ उठाना है।
खुदा की रहमत हूँ मैं यह तो जान गया,
उसकी परछाई हूँ मैं यह भी जान गया।
बस उसकी खुदाई से रूबरू करा दे,
जो मुझ में बसा है उससे गुफ्तगू करा दे।

59

परिंदों वाली जिंदगी

चल जी लें फिर से वो
परिंदों वाली जिंदगी।
अपनी मस्ती, अपने ही कानून,
पलक झपके बदलते उसूल।
'लोग क्या कहेंगे' इन बातों से परे,
अपनी दुनिया हो इस दुनिया के परे।
प्यार के प्याले और खुशियों के दानों पर,
यूं ही कर लेंगें गुजारा अपना जीवन भर।
गगन की लिए गंभीरता,
तुम्हारा साथ मेरी निर्भीरता।
पवन के झोंकों – से कोमल,
हमारे प्यार के हर पल।

60

तेरी तारीफ में

आज हरफ जिद्द पकड़े बैठे हैं,
उतरना है तेरी तारीफ में।
इजहार– ए–इश्क बहुत हो गया ,
अब कहना है कुछ तेरे बारे में।
बिखरी तो संभाल गए,
न जाने कहाँ से आ गए ?
लहरें मेरी जिंदगी को जब हिचकोलें दे रही थी,
मेरी पतवार थामें मुसकुराहट तुम पर सज रही थी।
लगा जब शायद अकेली हूं सफर में,
तुम साथ बने खड़े थे मेरी ही शक्ल में।
आज भी जब जज्बे जवाब दे जाते हैं,
तुमसे मिले हौसले मुकाम तक ले जाते हैं।

61

जिजीविषा

तुम क्या इम्तहान लोगे मेरी जिजीविषा का ?
मैं मृत्युंज्य बन काल के समक्ष खड़ी हूँ।
घोर तमस का कर के नाश ,
मैं ज्ञान ज्योति से प्रफुल्लित हूँ।

62

चहरे बदल रहे हैं

हवा का रुख बदला हुआ है,
तेज धूप से कत्ल—सा हुआ है।
हवा के झोंके थपेड़ों में बदल रहे हैं,
अपनों के चहरे कपड़ों—से बदल रहे हैं।
आज धूप है तो साँझ भी आस- पास होगी,
जिंदगी के हर दिन में कुछ खास बात होगी।

63

अवधान में व्यवधान

मेरे अवधान में व्यवधान न डाल , ऐ मन!

बरसती कृपा से भीग रहा मेरा तन – मन।

अब अंतर्मन मेरा है जग – मग,

मत कर मेरे कदम डग –मग ।

तू क्यों हो जाता है अधीर ,

हो रही शक्ति तेरी क्षीण।

आज कुछ देर छोड़ दे मेरा हाथ,

चलने दे कुछ पल खुद के साथ।

उस खुदा की खुदाई में झूल लेने दे मुझे,

ये पतंगे की चाह है लौ में जलने दे मुझे।

64

पीड़ पराई जाने कौन

दुनिया का रसूक पुराना,
व्याधि देख मुँह फेर जाना।
पीड़ दूजे की जाने कौन?
अंतर्मन हैं सबके मौन।
जाने जो पीड़ पराई ,
ऐसा बिरला होता भाई।

65

सोचा नहीं था

सोचा नहीं था कि कभी यूं जज़्बातों को अल्फाज
दे पाऊंगी,
जिंदगी के दोराहे पर खड़ी हो खुद के लिए एक राह
बना पाऊँगी।
सोचा नहीं था कि पहचान खुद की मंजिल से करा उसे हमराज बना पाऊँगी ,
अपनों पर बेगानों से मुखौटे देख कर खुद में ही अपनापन ढूँढ़ पाऊँगी।

66

मुझे अच्छा नहीं लगता

मुझे अच्छा नहीं लगता
जब यूं ही किस्मत आजमाती है मुझे,
कर उपहास मेरे सब्र का जाँचती है मुझे।
माना ज़िन्दगी में मुकम्मल हर ख्वाब नहीं होता,
पर हर प्यारा ख्वाब टूट जाए ये जरूरी नहीं होता।
ऐ ज़िन्दगी! इतना ना तोड़ मुझे,
क्या रह गया जो देना है तुझे।
इन्तहां मेरे सब्र की भी है,
उधार तेरी अब बाकी नहीं है।

67

फूल – इश्क का खिताब

आज दिख गया वो फूल किताब में,
जीता था मैंने इश्क के खिताब में।
पन्नों में अब उसकी महक हो गई,
पर देने वाले की चहक खो गई।
दरारें पड़ गई हैं उन पंखुड़ियों पर,
ज्यों झुररियां हों रिश्तों की ढलती उम्र पर।
अरसे से संजो कर रखा इस किताब ने,
आज बयां कर रही है अधूरे जज़्बात ये।

68

मेरा अक्स

दिल के आईने में,
वो बैठा है बरसों से।
क्या रिश्ता है मुझ से,
कोई खबर नहीं मुझे।
मेरा ही अक्स है वो,
या मेरी तन्हाई है ।
खूब टटोला गलियारों को,
जहन में दबी अच्छाई है वो।

69

दोराहे

जिंदगी दोराहे पर आ खड़ी थी,
मुस्कुराहट कोसों दूर से मुड़ी थी।
फांसले खुद से ही होने लगे थे,
भीड़ में हो अंजान खोने लगे थे।
जिंदगी के मायने खत्म होने लगे थे,
दोहरे चेहरों को खिताब मिलने लगे थे।
तुम उस वक्त मेरे ही पास खड़े थे,
जब हम खुद की खोज में आगे बढ़े थे।

70

आ...उड़ चलें

ऐ पंछी ... ले लो ना संग मुझे भी,
हो जाऊँ उन्मुक्त और स्वच्छंद मैं भी।
पिंजरे की सलाखें कोसती हैं,
पंखों का अस्तित्व खोजती हैं।
अपेक्षाओं और आशाओं को कर पार ,
आ...उड़ चलें! गगन को बना कर तार।

71

कहानी चलती रहती है

किरदार बदल जाते हैं ,
कहानी चलती रहती है ।
किताबों के पन्नों पर लिखी,
अपनी जुबानी कहती रहती है।
कभी आसूं ,कभी मुस्कुराहट को लिए,
किरदारों के बीच पहचान बनाती रहती है।
कभी किस्मत को ढाल बनाए,
बेबसी का मुखौटा पहनाती रहती है।
आज कामयाबी की दस्तक बनी,
कल रोंदी मिट्टी– सी कुछ कहती रहती है।
किरदार बदल जाते हैं ,
कहानी चलती रहती है।

72

जीवंत हो तुम

जो जहन में बसा है ,
वो खोया नहीं है।
एहसास है जो तुम्हारा,
वो मरा नहीं है।
जीवंत है वो चिंगारी,
जो ज्वाला बन दहकती है।
दुनिया की डुगडुगी नहीं,
वो अपनी ताल पर थिरकती है।
माना आज तुम हो नहीं पर,
मेरे अल्फाजों पर तुम्हारी स्याही रहती है।

73

सुना तुमने ....

बरसात की बूंदें एक कहानी कह रही है,
रेगिस्तां बने दिल पर एक निशानी लिख रही है।
वो पेड़ से लिपटी पत्तियों की सरसराहट,
प्यार में मदहोश प्रेमियों की फुसफुसाहट।
उन सर्द हवाओं का मुझे महसूस न होना,
तुम्हारे प्यार के आघोश में खुद को खो देना।
उस नूरानी चेहरे को बंद आँखों से ही ढूंढ़ लाना,
प्यार को मुकम्मल बनाने में दूरियों का साथ आना।
सुना तुमने ....

74

रिश्ता आज भी जिंदा है

ना जाने कब और कैसे राहें तुम से मिल गई,

जाना था कहीं दूर पर निगाहें तुम से मिल गई ।

लहरों पर हिचकोले खाता यह रिश्ता आज भी जिंदा है,

विश्वासों से परे दिल में बेपनाह प्यार आज भी जिंदा है।

जानती हूँ तुम्हारे प्यार को समझने के काबिल नहीं हूँ

पर तुम्हारे सिवाय और किसी के भी तो काबिल नहीं हूँ।

वो जानता है , दुआऐं तुम्हारी खैरियत की मांगी है हमेशा,

तुम्हारी कामयाबी की बुलंदियाँ दिल ने चाही हैं हमेशा।

किंस्मत में न सही ,

धड़कनों में रहने दो।

मुझे प्यार है तुमसे,

आखिरी दम तक कहने दो।

75

Look within

The darkness within scares me,
Felt as if someone snares me.
I have been trying to pull it out,
Often I have made the hardest shout.
It takes me to the lands unforeseen,
Where my soul seeks no sheen.
The more I try to run away from its presence,
The more it follows me to mark its essence.
Can my soul ever be enlightened?
Can my life ever be brightened?
Look within.... the heart cries...
Its there waiting for your tries...

76

लेखनी की परछाई

पथरा गई थी दहलीज तकती आँखें,
घाव हरा करती थी हाल–चाल की बातें।
अब सालों बाद भी मैं कुछ न बदली ,
वही शाम है .. वहीं खड़ी है कदली।
गेरूए से श्वेत की आदत हो चली है,
मुस्कुराहट होंटों की सरसराहट हो चली है।
हसरतें आज भी दरवाजें पर ठहरती हैं,
ख्वाईशें आज भी मन को टटोलती हैं ।
खतों पर से स्याही भले ही उड़ने लगी है,
पर लेखनी की परछाई मुझ पर पड़ने लगी है।

77

प्यास

दर – दर तुम्हें खोज रही हूँ ,
रिक्त कंठ लिए सोच रही हूँ।
क्या प्यास हो या आस,
क्यों दूर हो ना पास।
खंगाल लिए रिश्तों के जाल,
नाविक के पास न मिली पाल।
प्यास के मारे कितने गए है,
प्यास लिए कितने तर गए हैं।
तृप्त होंगी या रिक्त है ये मर्म,
जानूं कैसे जो है भविष्य का गर्भ।

78

कोई खुशबू सी पास रहती है

दिखती कहीं नहीं पर फिर भी साथ रहती है,
कोई खुशबू सी पास रहती है।
दरमियां नहीं कुछ बांटने को फिर भी साथ रहती है,
कोई खुशबू सी पास रहती है।
महफूज हूं मैं इस एहसास में हमेशा साथ रहती है।
कोई खुशबू सी पास रहती है।

79

देर हो जाती है मुझे

दिल को स्पंदित करने वाले नजारे,
रोक लेते हैं मुझे।
मुझ से कर पहचान बेखौफ वो बंजारे,
रोक लेते हैं मुझे।
जब कोई मनचाहा मिल जाता है राहों पर,
तब देर हो जाती है मुझे।
पूरी करनी हो बातें अधूरी रही जो लबों पर,
तब देर हो जाती है मुझे।

80

एक रिश्ता ऐसा होगा

मिसाल बना देंगे हर एहसास को,
कुछ यूं सोच कर लिखी एक कहानी।
एक रिश्ता कुछ ऐसा होगा,
नाम ना जिसका जुबां पर होगा,
हर जज़्बात बयां वो करता होगा।
एक रिश्ता कुछ ऐसा होगा...
रूबरू उसके जो आता होगा,
उसी के रंग में रंग जाता होगा।
लेखनी कमजोर पड़ती होगी,
जब–जब ये कहानी लिखती होगी।
अधूरी –सी वो कहीं बिखरी होगी,
कहानी अपनी जब कहती होगी।

81

चट्टान सी बन खड़ी रहूँ

चट्टान सी बन खड़ी रहूँ ,
बना आघोश के घेरे।
समय नदी सा बहता रहे,
लगाए किनारों पर मेले।
पत्थर भी मुस्कुरा देंगे आज,
जिंदगी जब उन पर आ ठहरी।
हवाएँ पूँछ रही मेरा मुकाम,
कहा ...तुम मत बनो मेरा पहरी।
मंजिल की चाहत नहीं ,
हर पल जी भर जी लें।
क्या पता कौनसा आखिरी हो,
यह बात जहन में भर लें।

82

माँ का ममत्व

माँ बनने की वो पहली आहट ,

खुशियों भरे दर्द से मिली राहत।

मातृत्व की पहचान कराती वो जगती रातें,

तुतलाती बोली जब करती अनजानी बातें।

नन्हें कदम जब सफलता की ओर भागे ,

उसके हर इम्तिहान पर माँ ढेरों दुआएँ माँगे।

चिंताएँ उसकी जग को आदत नजर आए,

फिक्र में छुपा ममत्व न नजर आए।

एहसासों का सैलाब अश्रुधारा बन बहे,

नन्हीं जान जब कामयाब होती दिखें।

माँ, आजीवन ऋणी हूँ मैं तुम्हारा,

कहो ना इस लेखनी से

व्यक्त कर दे ये प्रेम सारा।

83

विचारों की कशमकश में जूझ रही थी मैं,
भूत, वर्तमान और भविष्य में उलझ कर ,
खुद से कुछ पूछ रही थी मैं।

जो बीत गया, वो मेरा नही था,
जो अब है, क्या वो मेरा होगा?
भविष्य की खिड़कियों से झांक कर,
खुद से कुछ पूछ रही थी मैं।
विचारों की कशमकश में जूझ रही थी मैं।

परिंदे—सी चाह ले उड़ जाने की इच्छा,
नीले आकाश की अनंत गहराईयों में खो जाने की इच्छा,
दिल में उठी तरंगों से कुछ कह रही थी मैं।
विचारों की कशमकश में जूझ रही थी मैं।

मेरा ''मैं'' मुझसे दूर हो जाये,
उन्मुक्त हो मेरा साथ छोड़ जाये,
उस परम सुख की अनुभूति हो,
जिस को रूह में ढूंढ रही थी मैं।
विचारों की कशमकश में जूझ रही थी मैं।

84

मुसकुराहट

आज मसले कुछ इस कदर हो गए ,
उस सर्वशक्तिमान की चर्चा में हम शक्तिहीन हो गए।
उन्होंने निराकार को आकार देना चाहा,
हमने उसके अलौकिक स्वरूप का बखान करना चाहा।
वो हर बात पर झुंझलाते रहे,
हम अंत तक मुसकुराते रहे।
बनाने वाले तेरी लीला भी बड़ी खूब है,
अनंत किया उपकार बस न समझ पाने की भूल है।
हृदय को आभार से यूं भर दिया ,
कि अब तो बखान को जुबान भी मजबूर है।
लेकिन ये क्या ?
जिस अनुभूति की कोई सीमा नहीं ,
उसे शब्दों में बांधने की तो हमारी भूल है।
अब झूम रहा हूं तेरे इश्क में,
मेरी मुसकुराहट के पीछे बस 'तू ही तू' है ,
'तू ही तू' है।

85

भाव

मेरे पिया मेरे हृदय बसत हैं,
ना कहीं आऊँ ना जाऊँ रैन –दिन।
प्रेम–धुन तेरी प्यारी लागे,
उर मोरा तेरी ओर भागे।

नाच रही थी माया की धुन पर,
बिना सुर और ताल के हर दिन,
सो ही गया था हृदय मेरा ,
सुर जो सुना नहीं होता तेरा।

थिरक उठे फिर पाँव मेरे,
ऐसी ऋतु लगी उर मेरे ।
कैसे प्रकट करूँ प्रेम को अपने,
असमर्थ हो रही भाव –भंगिमाएं मेरी।

प्रेम –प्याला भरता जाए,
उर मेरे में तू ही समाए।
जीवन तेरे चरणों में समर्पित,
और कुछ शेष नहीं जिसे कर सकूँ मैं अर्पित।

86
मैं श्वेत हूँ

रंग दे अपने रंग में,
अब मैं श्वेत हूँ।
सुन, ऐ पानी की बूंद!
मरूस्थल की मैं रेत हूँ।

ना जानूं रंगाई,
ना रंगों का है ज्ञान।
मैं क्या जानूं प्रेम क्या?
क्या प्रेम की है पहचान?

बरसों की मैली चुनरिया
अब धो लाई हूँ।
ऐ रंगरेज! तेरे संग रंगने की
अब लौ लाई हूँ।

फीका निकला रंग जो लगा अब तक,
आस है उस रंग की जो लगे रूह तक।

 अगर चाहे तो बना ले अपने रंग मुझे,
अपनी चित्रकारी में ले अपने संग मुझे।

ऐ चित्रकार! रूबरू तेरे रंगों से होने तुझ तक आई हूँ।
तेरी कला का अंश हूँ मैं , जान यथार्थ को आई हूँ।

87

एक तरफा प्यार

उस एक तरफे प्यार का मजा ही कुछ अलग था,
जिससे मोहब्बत थी उसका अंदाज भी कुछ अलग था।
वो बार –बार दिल का उस तक पहुँचने की ख्वाहिश करना,
और हर रोज कुछ बेतुकी –सी फरमाइश करना।
दिल के रास्तों पर उसका नाम लिख मन ही मन मुस्कुराना ,
उन ख्वाबों की उधेड़ बुन में वक़्त का गुजर जाना।
बिन बुलाए मेहमान की तरह उसका दिल में घर कर लेना ,
और मेरा खुशी –खुशी खुद को अपने ही घर से बेघर कर लेना।
इज़हार से इकरार तक के लम्बे सफर को हर रोज तय करना,
और हर बार मंजिल न मिलने पर तसल्लियों का लय भरना।
उनकी हर झलक को पलकों में समेट लेना ,
शायद फिर ये पल न मिले यह जान वो पल लपेट लेना।
खयालों की उड़ान में खुद को खो देना,
दिल की जमीन पर इच्छाओं के बीज बो देना।
हर राज उसके आगे बेहिच्चक खोल देना,
जो हकीकत में न कह पाए वो बोल देना।

लेकिन ख्यालों में कही बातें ख्याल ही रह गई,
जब हकीकत से नजर मिलाई तो मैं अकेली रह गई।
मेरा एक तरफा प्यार किसी और का पहला था।
लेकिन वो टूटा हुआ दिल मेरा भी तो पहला था।
आंसू निकलने की जगह तलाश रहे थे,
मैं ही क्यों ? इसकी वजह तलाश रहे थे।
बहुत संभाला दिल को और समझौतों पर राजी कर लिया ,
इस एक तरफे प्यार को दोस्ती का मुखौटा देने पर राजी कर लिया।
लेकिन आज भी जब वो एक तरफा प्यार यादों को गुदगुदा कर देता है,
दिल के किसी कोने में बैठे उस दोस्त को गुमशुदा कर देता है।

88

हिसाब किसका

आज कागज कलम उठा कर खुद से कुछ मशक्कत की,
दिमाग की सीमाएं खत्म हुई तो केलकुलेटर ने शिरकत दी।
काफी देर तक सिर खुजाया तो कम्प्यूटर को शामिल कर लिया,
अपने कार्य को और भी आधुनिक कर लिया।
मुझे गम्भीर देख कर मेरे साथी ने मुझे टोका,
"क्या हिसाब लगा रहे हो?" यह कह कर मुझे रोका।
अपनी व्यस्तता तोड़ते हुए मैं यूं बोला,
"हिसाब लगा रहा हूं स्वांस का,
कितने बचे हैं इस बात का।"
चाहता था तो वो मुझ पर ठहाके मारकर हंसना
लेकिन मेरी गम्भीरता देखकर दबी हंसी से बोला,
"धन – दौलत, रूपया –पैसा छोड़ स्वांसों का हिसाब!
क्या आप ठीक तो हैं जनाब?"
"जी हां, बिल्कुल ठीक हूं।
बात तो अब समझ में आई है,
जिंदगी अब तक व्यर्थ ही गंवाई है।

मैंने एक –एक स्वांस के लिए इंसान को तड़पते देखा है,
बस एक और ....एक और की गुहार लगाते देखा है।
इसलिए अब हिसाब लगाने बैठा हूं,
मेरे कितने और स्वांस बच गए यह पता लगाने बैठा हूं।
लेकिन देखो,
यह 'उसकी' शरारत है,
कुल कितने स्वांस दिए हैं यह ना बताई है।
अब तो फिर हर एक स्वांस को बचाना है,
उसमें छुपे एहसास से भर जाना है ।
निचोड़ना है हर स्वांस के रस को,
चखना है हर पल के स्वाद को।
ताकि 'उस वक्त' एक और एक और की गुहार ना हो,
इस हृदय में आभार ही आभार हो।

89

प्रशंसा

कितनी प्यारी लगती है प्रशंसा,
इसकी हम सभी को रहती है मंशा।

कितना अच्छा लगता है जब कोई कहता है कि तुम बहुत खूबसूरत हो।
लेकिन उम्र के इस ढलते पड़ाव को आईना हर रोज बयां करता है।
चेहरे की झुररियाँ चींख– चींख कर कहती हैं कि अब तजुर्बा तुम्हारा चेहरा
बयां करता है।
फिर भी किसी का झूठ कह देना मन को तसल्ली दे देता है।
और आईने को झूठलाने के लिए मन उँगली कर देता है।
कितना अच्छा लगता है जब कोई कहता है कि
तुम ईमानदार हो।
यह ईमान कब किसी का हुआ है जो आज मेरा होगा।
आज मेरा दिख रहा है तो कल किसी और का होगा।
बेईमानी का शेर उस वक्त भी मेरे साथ बैठा होगा ,
जब ये समाज मुझे ईमानदार कहता होगा।

कितना अच्छा लगता है जब कोई कहता है कि
तुम जैसा कोई नहीं।
जब बनाने वाले ने सब को बनाया है विशेष ,
तो मुझ जैसा कोई हो ही नहीं सकता शेष।
फिर भी किसी का विशेष कह देना प्रफुल्लित कर देता है।
दूसरे मुझे आँके इस बात को हर कदम पर अंकित कर देता है।

मैं कौन हूं ?
मैं कैसी हूं ?
अब ये मापदंड उनके नहीं मेरे होंगे,
आंकलन के तरीके उनके नहीं मेरे होंगे।
क्योंकि आईना कब किसी से अनुमोदन माँगता है,
वह तो स्वपरिचय कराता है जब भी कोई उसमें झाँकता है।

90
असली मुहब्बत

बैठी थी निराश,
खुद से हताश।
सब ओर से ठुकराई,
ना जाने इतनी निराशा कहाँ से आई ?
थक गई उसे ढूँढ़ते हुए,
हर जगह ये पूछते हुए,
क्या यहां मिलेगी वो,
क्या तुमने देखी वो।
नहीं..... अब और नहीं।
शायद मेरी खोज ही गलत है,
उसका अस्तित्व ही नहीं जिस की मुझे खोज है।
लेकिन फिर यह प्यास क्यों दिल में लगाई?
उसे खोजूं यह बात मन में क्यों आई ?

यह क्या है?
कुछ सरसरी सी सुन रही है,
कुछ तो है जो मुझ से बोल रही है।

''सुनो...
मैं यहां हूँ...तुम्हारे पास.. बहुत ही पास।
अनमनी ही सही... पर एक बार मेरी भी सुनो।''

बस करो.. मत करो मेरा उपहास,
क्या कोई ओर नहीं है तुम्हारे पास।
तुम कौन हो जो मुझमें समाई थी,
लेकिन आज तक न मिलने आई थीं।
सब ने कहा तुम कामयाबी की ऊंचाई में हो,
दौलत ने चमकाई हो।

प्रेमी के आलिंगन में हो,
मनोरंजन से भरे स्पंदन में हो।
सब जगह ढूंढ आई हूँ ,
अब निराश लौट आई हूँ ।

" तुम मुझसे मिलने आई कब ?
मेरे ओर कदम बढ़ाए कब ?
अब मेरी सुन लो,
निरंतर बज रही है एक धुन
उस की सुध लो।
उस घुंघरू की झंकार है ऐसे,
हर ताल मृदंग में जैसे।
सुर बन जाएगी हर स्वांसा तेरी,
ऐसी अद्भुत कृपा है उसकी।
नाच उठेगा मन मयूर बनके ,
प्रेम की जय जयकार करके ।
चल उठ ... कर आलिंगन उसका,
है हृदय में स्पंदन उसका।
खोज थी इसी की तुझे,
क्यों व्यर्थ ही तू जूझें।"

अरे सुनो,
तुम जा रही हो!
पर अपना नाम तो बताओ।
मेरी खोज पूरी हो गई,
इस एहसास को थोड़ा और बढ़ाओ।

''मैं कौन हूँ ?
मोहब्बत... असली मोहब्बत।

91

रोशनी से मोहबब्त

मुझे रोशनी से मोहब्बत थी,
प्यास उसी की हर वक्त थी।

जूगनूं सी प्यास लिए आग की लालिमा में उसे देखा,
खींची चली उस ओर तो उसी में झुलसते अपने बदन को मैंने देखा।

उगते सूरज की चमक मन को भा गई,
उसे ही देखती रहूं यह बात मन में आ गई।

चढ़ते सूरज ने जब आँखें मेरी छलका दी,
उसकी तपिश ने फिर निराशा दिखला दी।

अब रोशनी से मोहब्बत चमक में तबदील हो गई,
हर चमकती चीज में खोज उसी की हो गई।

कपड़े , गहने, दौलत , रत्नों की चमक से प्यार हो गया,
ना जाने पहली मोहब्बत का आगाज कहां खो गया।

थकी हुई आंखों के झरोंको को जब बंद किया,
खुद के साथ बिताए उन पलों ने मुझे दंग किया।

चाँद की शितलता लिए हजारों सूरज चमक उठे,
उनकी खूबसूरती और लालिमा से मेरे रोम – रोम दमक उठे।

ना आंखें नम थी ,ना तपिश से मैं आहत थी ,
उन किरणों की शितलता ने रूह को राहत दी।

आंखों की पुतलियों ने हर लम्हा खुद में समेट लिया,
उस रुहानियत की दमक ने मुझ को खुद में लपेट लिया।

अल्फासों से परे यह एहसास बढ़ता गया,
और अंधेरे से उभरने का राज खुलता गया।

मुझे इसी रोशनी से मोहब्बत है,
हर दिन दिल को इसी की जरूरत है।

हां , मुझे इस रुहानियत से मोहब्बत है।

92

बगीया के फूल

बहुत प्यार से संजोया अपनी बगीया के फूलों को,
एक –एक चुन कर लाए गए उन रिश्तों के उसूलों को।

कभी अपने बालों में फूलों को सजाया ,
कभी पड़ोसी के घर का गुलदस्ता बनाया।

मेरी पहचान मेरे फूलों से हो गई,
ना जाने कब वो बगीया मेरी कम दूसरों की ज्यादा हो गई।

फूल मेरे पर ख्वाहिशें उन की पूरी हो गई,
खुशी कम और मेहनत हर दिन दुगुनी हो गई।

गैरों की भीड़ में खुद से अनजानी हो गई,
यहीं कहीं गलती मुझ से हो गई।

घर में मेरे सब वीराना था,

अंदर का आशियाना खाली पड़ा था।
सब अपनों को मैंने बेगाना किया था,
छोटी – छोटी बातों से उन्हें खुद से अलग किया था।

मेरी समझ आप से अलग हो गई,
जी हाँ ...माँ, अब मैं बड़ी हो गई।
समाज में अलग पहचान मेरी हो गई,
जिम्मेवारियाँ भी मेरी आप जैसी हो गई।

बैचेनी दोगुनी से चौगुनी हो गई,
जिंदगी तो एक दौड़ सी हो गई।

अनायास ही एक दिन बगिया के फूलों की मुलाकात मेरे अपनों से हो गई,
उस दिन चली हवा की महक से जिंदगी फिर बाग– बाग हो गई।
उनके आँचल में पनहा,
जीवन के रास्तों पर सलाह।
चलना मुश्किल नहीं है ,

यह एहसास यहीं जान पड़ा ।
सलाहकार नहीं हूँ दोस्तों !
जीवन के अनुभव से बोलती हूँ।
अपनों का एहसास अब हर दिन जीवन में जोड़ती हूँ।
घर के बाहर सब खुश हों,
इस कोशिश में बहुत जी ली हूँ।
आज अपनों के लिए जीए,
तो बगिया के फूलों की खुशबू और भी सुहावनी हो गई,
मैं जैसी हूँ वैसी ही खुद की प्यारी हो गई।